Ulrike Welker

AF203428

MARTIN LUTHER KING
ENTDECKEN

neukirchener
aussaat

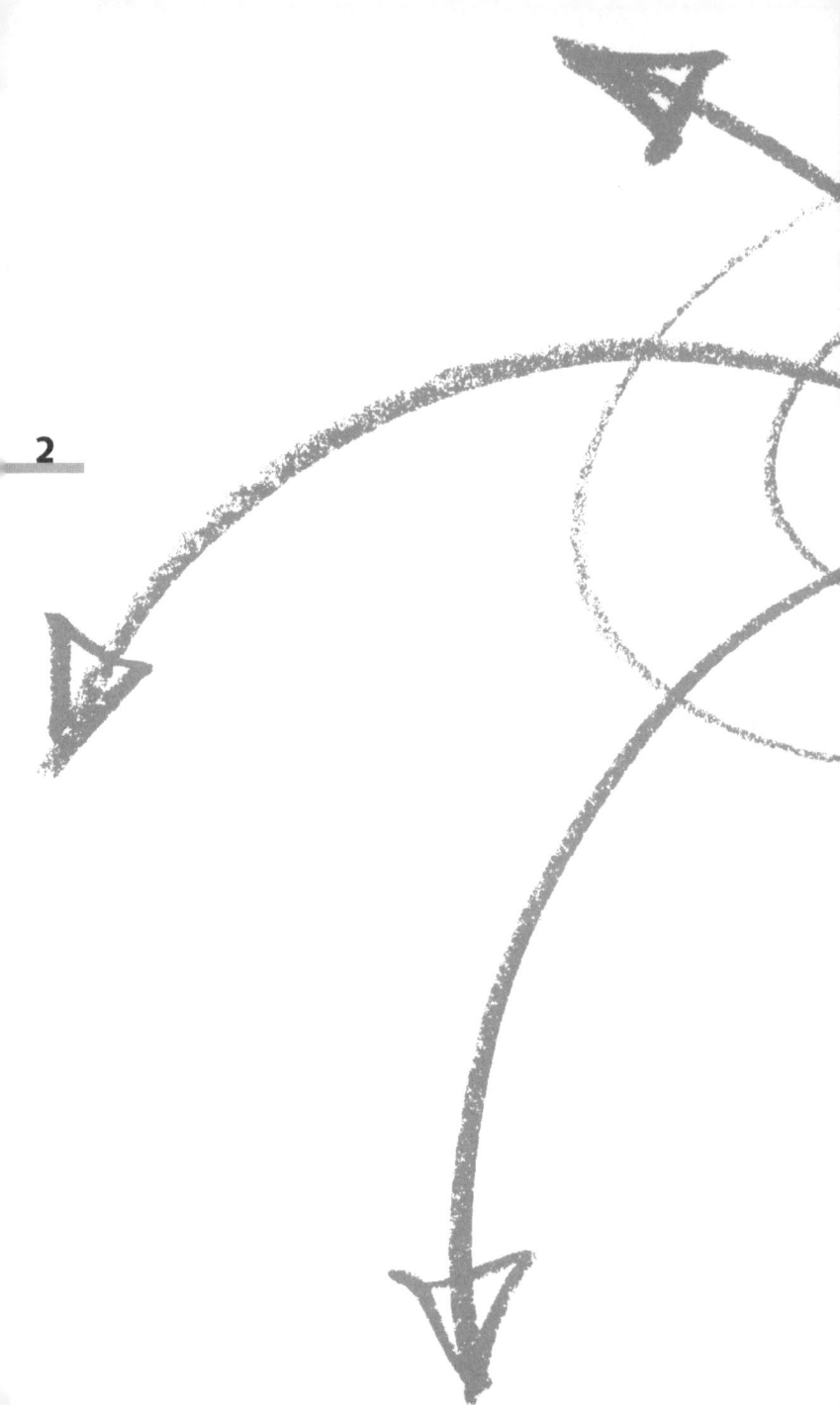

2

Dies...

...ist ein Buch über Martin.

Mit vollem Namen
heißt er Martin Luther King.
Martin war Christ und ein außer-
gewöhnlicher Mensch.
Auf der ganzen Welt ist er bekannt als
Kämpfer für die Rechte der Schwarzen
in den USA und als mutiger Streiter für
den Frieden. Jede Gewaltanwendung
lehnte er ab.

Warum Martin
so berühmt wurde
und als Genie gilt –

das werdet ihr gleich sehen.

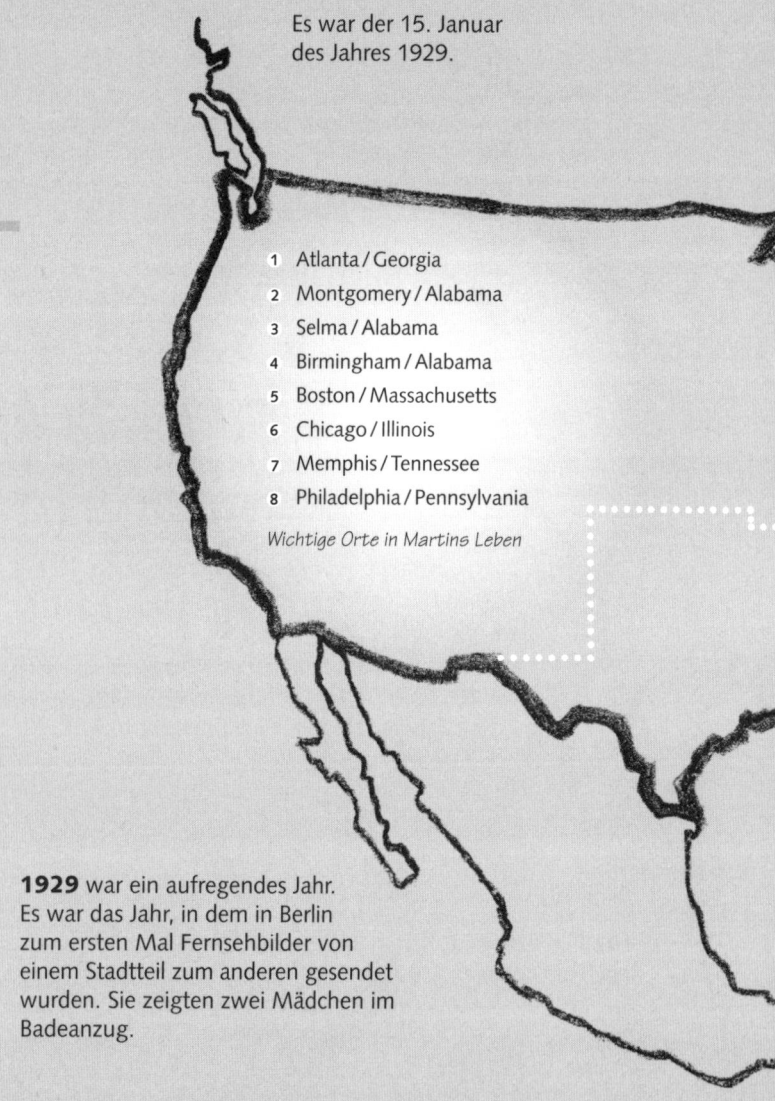

Martin wurde in den USA geboren,
und zwar im Süden des Landes, im
Bundesstaat Georgia. Genauer in der
Stadt Atlanta, in der Auburn Avenue.

Es war der 15. Januar
des Jahres 1929.

1 Atlanta / Georgia
2 Montgomery / Alabama
3 Selma / Alabama
4 Birmingham / Alabama
5 Boston / Massachusetts
6 Chicago / Illinois
7 Memphis / Tennessee
8 Philadelphia / Pennsylvania

Wichtige Orte in Martins Leben

1929 war ein aufregendes Jahr.
Es war das Jahr, in dem in Berlin
zum ersten Mal Fernsehbilder von
einem Stadtteil zum anderen gesendet
wurden. Sie zeigten zwei Mädchen im
Badeanzug.

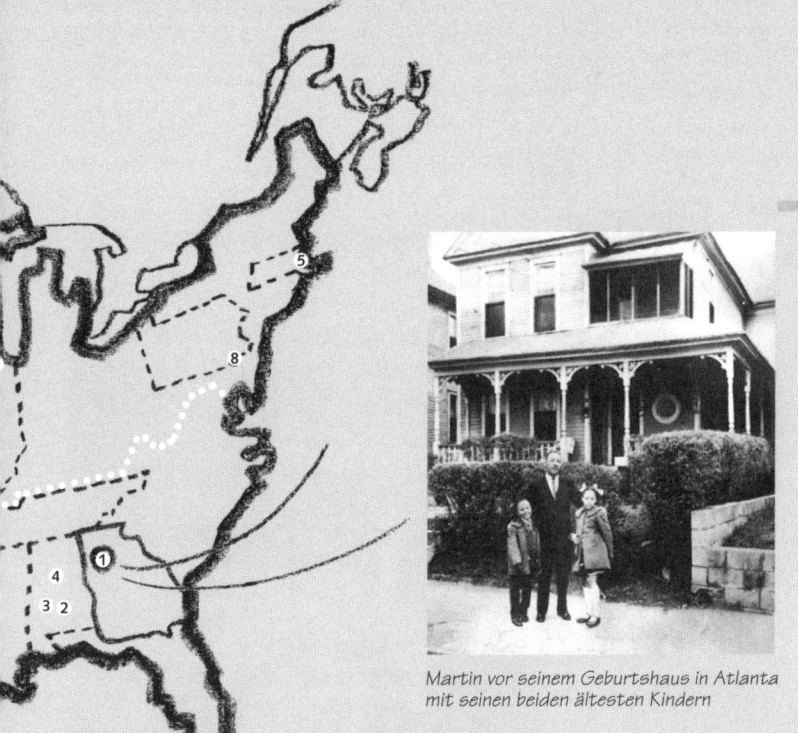

Landesgrenze Vereinigte Staaten von Amerika (USA)

Grenzen einzelner Bundesstaaten der USA

Grenzverlauf zwischen Nord- und Südstaaten

Martin vor seinem Geburtshaus in Atlanta
mit seinen beiden ältesten Kindern

1929 war auch das Jahr, in dem der erste amerikanische Ton-
film in Berlin zu sehen war - „ein modernes Wunder", wie es
begeistert hieß. Die Zeit des Stummfilms ging damit zu Ende.

1929 im Oktober stürzten die Kurse an der New Yorker Börse.
Innerhalb von wenigen Tagen betrugen die Verluste 50 Milliar-
den Dollar. Der so genannte „Börsenkrach" löste die
Weltwirtschaftskrise aus. Millionen Menschen wurden
arbeitslos.

Martin war das zweite von drei Kindern in der Pfarrerfamilie King. Zu Hause wurde er M.L. (für Martin Luther) genannt. Für seine Freunde war er Mike, eine Kurzform von Michael. Schon sein Vater hieß nach zwei Onkeln mit Vornamen Martin Luther. Aber seine Mutter, Martins Großmutter, zog den Namen Michael - nach dem Erzengel Michael – für ihn vor. Der merkwürdige Vorname Luther kam aus Bewunderung für den deutschen Reformator **Martin Luther** in die Familie. Vater und Sohn wurden unterschieden als Martin Luther King **sen.** (senior) und Martin Luther King **jun.** oder **jr.** (junior).

Martin (rechts vorn) mit seinen Eltern, seiner Großmutter und seinen Geschwistern A.D. (Alfred Daniel) und Christine

Martin Luther (1483-1546) löste die Reformation aus, die große Bewegung zur Erneuerung der Kirche im 16. Jahrhundert. Er wollte die Menschen wieder zur von Gottes Wort geschenkten Freiheit im Glauben und zum Wort Gottes in der Bibel führen. Das Wort Gottes und der Glaube sollten sie leiten und nicht der Papst. Denn der sei ein Mensch und könne irren. Es kam zur Spaltung der Kirche in die römisch-katholische (mit Papst) und die protestantische oder evangelische Kirche. Luthers Bibelübersetzung prägte die deutsche Sprache.

Senior und **junior** sind lateinische Wörter und bedeuten der Ältere und der Jüngere. Im Amerikanischen stehen Sr. oder Jr. als Abkürzungen. Erhält in der nächsten Generation ein Kind wieder denselben Namen, geht die Zählung - wie bei Kaisern und Königen - mit römischen Buchstaben weiter. Martins Sohn war also Martin Luther King III.

Martins Vater stammte aus ärmlichen Verhältnissen. Seine Eltern hatten Land gepachtet. Sie arbeiteten sehr schwer. Dennoch reichte es kaum zum Leben. Die Familie war abhängig vom weißen Grundbesitzer. Bei ihm musste sie alles kaufen, auch wenn die Preise noch so überhöht waren.

Als Junge setzte sich Martins Vater einmal über das Verbot seines Vaters hinweg und protestierte bei der jährlichen Pachtabrechnung. Die von ihnen gelieferten Baumwollsamen waren nämlich einfach „übersehen" worden. Sein Vater bekam daraufhin zwar das Geld, aber vor Wut vertrieb der Grundbesitzer die Familie von seinem Land. Sie hatten keine Bleibe mehr. Kein anderer Weißer war bereit, ihnen Land zu verpachten.

Die Weißen in den Südstaaten erkannten die Rechte der **Schwarzen** als amerikanische Staatsbürger nicht an. Stolz feierten sie jedes Jahr am 4. Juli die **Unabhängigkeitserklärung**. Aber von der darin betonten Gleichheit und Freiheit **aller** Menschen nahmen sie die schwarze Bevölkerung aus. Die Schwarzen wurden zum Beispiel „dreckige Nigger" genannt. Es war üblich, Frauen und Männer nicht als „Frau" und „Herr" anzusprechen, sondern nur als „Junge" und „Mädchen", auch wenn sie schon weißhaarig waren. Die Schwarzen führten ein Leben in Unterdrückung, rechtlos und voller Demütigungen.

Thomas Jefferson, 1743 - 1826

Noch zu Martins Zeiten bezeichneten sich die **Schwarzen** als „negroes", Neger. Im Zuge ihres wachsenden Selbstbewusstseins verwarfen sie diesen Ausdruck. Sie sprachen von sich als „blacks", als Schwarzen, im Gegensatz zu den „whites", den Weißen. Daneben gab es die Bezeichnung „colored people" (englische Schreibweise „coloured"), Farbige. Später wurde die Benennung anhand der Hautfarbe ganz abgelehnt und durch den Hinweis auf die Herkunft ersetzt. Der heute gängige Begriff ist „African Americans", Afroamerikaner.

In der **Unabhängigkeitserklärung** von 1776, mit der sich die britischen Kolonien in Nordamerika von England lossagten, heißt es: „Wir halten diese Wahrheiten für selbstverständlich, dass alle Menschen gleich erschaffen sind, dass sie von ihrem Schöpfer mit bestimmten unveräußerlichen Rechten ausgestattet sind, darunter Leben, Freiheit und das Streben nach Glück." Thomas Jefferson, Verfasser der Unabhängigkeitserklärung und später Präsident der Vereinigten Staaten, hatte bei diesen Sätzen nicht nur die weißen Siedler vor Augen. Er wollte auch die Schwarzen aus ihrer elenden Lage befreien.

10 **W**arum weigerten sich die Weißen, den Schwarzen gleiche Rechte zuzugestehen?

Um 1620, als die ersten weißen Siedler aus Europa nach Nordamerika kamen, wurden Schwarze aus Afrika unter unmenschlichen Bedingungen - in Ketten und oft in zwei Schichten im Schiff auf der langen Reise übereinander liegend - dorthin verschleppt. Sie wurden als Sklaven verkauft. Üblich war eine Arbeitszeit von fünfzehn Stunden am Tag - zum Beispiel von fünf Uhr morgens bis abends um acht. Ihr könnt euch vorstellen, wie reich die weißen Sklavenhalter wurden, die so billige Arbeitskräfte auf ihren Tabakfeldern und Zuckerrohrplantagen einsetzen konnten! Sie sahen die Schwarzen als Besitz an, über den sie verfügen konnten. Niemand musste mit einer Anklage rechnen, wenn er einen Schwarzen misshandelte oder totschlug.

Um 1800 entstanden in den Südstaaten riesige Baumwollplantagen, für die sehr viele Sklaven gebraucht wurden. Da sich dadurch ihr Preis stark erhöhte, riss mancher Sklavenbesitzer die Familien der Schwarzen auseinander und verkaufte Vater, Mutter und Kinder einzeln. Das Leid der Menschen war unermesslich. Es kam zu verschiedenen Aufständen, die jedoch brutal niedergeschlagen wurden.

Natürlich gab es Weiße, die sich über die menschenunwürdige Lage der Schwarzen empörten. Sie beriefen sich bei ihrer Forderung nach gleichen Rechten für die unterdrückten Schwarzen vor allem auf die Bibel. Von der amerikanischen Verfassung erhielten sie keine Unterstützung. Denn Schwarze galten nicht als Bürger der USA und besaßen keine Rechte. Erst 1863 wurde die Sklaverei unter Präsident Abraham Lincoln abgeschafft.

Abraham Lincoln, 1809 -1865

1861 war es über der Frage der Sklaverei zum Bürgerkrieg zwischen den Nord- und den Südstaaten gekommen, dem *Civil War*. Die Südstaaten fürchteten um ihre wirtschaftlichen Vorteile, wenn die Sklaverei abgeschafft würde. Sie verloren den Krieg 1865, weigerten sich aber, die neuen Zusätze zur Verfassung anzuerkennen, wonach die Schwarzen Bürger waren und das Wahlrecht besaßen. Mit einem Pacht- und Abgabensystem hielten sie die Schwarzen weiter in Abhängigkeit.

Vielen weißen Südstaatlern war es nicht genug, die schwarze Bevölkerung im täglichen Leben zu unterdrücken. Sie gründeten 1865 den Geheimbund *Ku-Klux-Klan*, der die Schwarzen terrorisierte. Dessen Mitglieder, zeitweilig mehrere Millionen, darunter auch Frauen, verbreiteten Angst und Schrecken unter den Schwarzen. Sie bedrohten und verleumdeten unschuldige Menschen. Selbst vor Mord scheuten sie nicht zurück. Ihrer **Lynchjustiz** fielen viele Schwarze zum Opfer. Dass sie dafür vor Gericht gestellt würden, brauchten die Weißen im Süden nicht zu befürchten.

Lynchjustiz ist die (ungesetzliche) grausame Misshandlung oder Tötung eines Menschen, verübt von einer aufgebrachten Volksmenge.

Mitglieder des Ku-Klux-Klan

Die Schwarzen hatten nicht die Möglichkeit, sich zum Beispiel durch eine bessere Ausbildung aus den schlimmen Verhältnissen zu befreien. Ihre Schulen verdienten kaum diesen Namen. Martins Vater berichtete aus seiner Kindheit, dass alle Kinder gemeinsam von der Frau des Pfarrers in einem Schuppen unterrichtet wurden. Es gab weder eine Tafel noch Bücher oder Schreibzeug. Da Kinder vor allem Arbeitskräfte waren, konnte Martins Vater nicht einmal drei Monate im Jahr zur Schule gehen. Er wollte Pfarrer werden. Dazu fehlte es ihm aber an Bildung. Für Schwarze gab es damals keine öffentliche weiterführende Schule. Also musste er arbeiten, um das Geld für eine Privatschule aufzubringen. Als Einundzwanzigjähriger wurde er nach einer Prüfung in die 5. Klasse aufgenommen! Mit seinem Ziel vor Augen überwand er jedoch größte Schwierigkeiten. Kurz vor der Geburt seines dritten Kindes schloss er das Studium am *Morehouse College* in Atlanta ab, dem einzigen College für Schwarze.

Bei aller Trostlosigkeit ihres Lebens gab es für die Schwarzen einen Ort, an dem sie Gemeinschaft erleben und sich geborgen fühlen konnten. Das war die Kirche. Der Kirchgang war ein großes Ereignis. Die Predigten wurden von Zwischenrufen begleitet - vor allem dann, wenn sich die Gemeinde stark angesprochen fühlte: „Preach on, brother!" (Predige weiter, Bruder!), „Say it again!" (Sag es nochmal!), „Preach the word!" (Predige das Wort!, d. h. Gottes Wort), „Hallelujah!" oder „Amen". Die Kirchenlieder, die **Gospelsongs** und die **Spirituals** spiegelten die Freude der Menschen an Gott, ihre Hoffnung auf ihn, ihren unerschütterlichen Glauben, aber auch ihre Sorgen und ihr Leid.

Gospel heißt Evangelium: die Frohe Botschaft von Jesus Christus. Die Gospelsongs nehmen Texte und Themen aus der Bibel auf.
Spirituals sind geistliche Volkslieder der Schwarzen.

Nicht nur Martins Vater, sondern auch sein Großvater (mütterlicherseits) und sein Urgroßvater waren Geistliche, und zwar von **baptistischen** Kirchen. 37 Jahre lang leitete sein Großvater als Pfarrer die *Ebenezer Baptist Church* in Atlanta. Viele schwarze Prediger schwiegen zur Unterdrückung durch die Weißen. Protest galt als aussichtslos und war gefährlich. Doch Martins Großvater ließ sich davon nicht schrecken. Er kämpfte zum Beispiel erfolgreich gegen eine Zeitung, die sich in abfälligen Bemerkungen über die Schwarzen erging. Er forderte die Gemeindeglieder und andere im Stillen auf, die Läden zu *boykottieren* (d.h. dort nicht mehr einzukaufen), die Werbeanzeigen in dieser Zeitung aufgaben. Als die Geschäftsleute die Zusammenhänge erkannten, zogen sie ihre Annoncen zurück. Die Zeitung konnte sich nicht halten. Er erreichte es auch, dass 1924 die erste weiterführende Schule für Schwarze in Atlanta gegründet wurde.

Die **Baptisten**, wörtlich „die Täufer", gehören zu den evangelischen Kirchen. Sie halten an Einsichten der Reformation fest, z. B. daran, dass das Wort Gottes, wie es in der Bibel bezeugt ist, die Menschen leiten soll. Allerdings gibt es bei ihnen keine Kindertaufe. Getauft werden nur Gläubige, die sich bewusst zu Gott bekennen. Sie werden ganz untergetaucht, nicht bloß mit Wasser benetzt. In den USA bilden die Baptisten die größte aller protestantischen Kirchen.

Nach dem Tod seines Schwiegervaters übernahm Martins Vater die *Ebenezer Baptist Church.* Unter seiner Leitung wuchs die Gemeinde von mehreren Hundert auf etwa 4.000 Gläubige an. Auch er war ein mutiger Kämpfer für die Rechte der Schwarzen in der von Rassentrennung zerrissenen Gesellschaft.

So bemühte er sich darum, gleiche Bezahlung für alle Lehrer ungeachtet ihrer Hautfarbe durchzusetzen. Einmal organisierte er sogar einen Zug von Hunderten von Schwarzen zum Rathaus - ein unerhörtes Geschehen -, wo sie sich in die Wählerlisten eintragen lassen sollten. Nur dann nämlich durften sie bei Wahlen ihre Stimme abgeben. Wenn viele Schwarze wählen würden, das war die Hoffnung, dann könnte sich die Lage der Unterdrückten ändern.

Was so einfach klingt, erwies sich jedoch als äußerst schwierig. Denn die Weißen stellten - unrechtmäßig - Bedingungen. Zum Beispiel verlangten sie für die Eintragung Gebühren, die sehr viele Schwarze gar nicht aufbringen konnten. Oder sie forderten, dass schon die Großväter gewählt haben mussten, was sich wie blanker Hohn ausnahm. In manchen Gegenden bestanden sie darauf, dass ein Wähler lesen und schreiben können musste, wodurch ebenfalls sehr viele Afroamerikaner ausgeschlossen wurden. Manchmal erklärten sie auch einfach, das zuständige Büro sei geschlossen, nachdem die Schwarzen bereits stundenlang Schlange gestanden hatten.

Viele Menschen, auch über die Gemeinde hinaus, baten Martins Vater in Notlagen und Schwierigkeiten um Hilfe. Er kümmerte sich um ihre Probleme, sei es im Umgang mit der Polizei, mit der Schulbehörde, mit Banken oder bei der Suche nach Arbeit. Immer wieder betonte er, dass das Elend nur über Bildung und wirtschaftliche Sicherheit zu überwinden sei. Sein Einsatz für andere war getragen von der Überzeugung: *Alle* Menschen sind Kinder Gottes. Deshalb muss *allen* zu einem Leben in Freiheit und Gerechtigkeit verholfen werden. Aus dieser Überzeugung heraus ließ er sich nie zum Hass gegen die Weißen hinreißen.

Sein Glaube ermöglichte es ihm, selbst unter den schlimmsten Umständen Zuversicht und Hoffnung zu verbreiten. Trotz des Leidens auf der Welt wird Gott über das Böse siegen und alle Menschen frei machen und erretten! Diesen Glauben gab er an Martin weiter.

Martins Vater

Martins Mutter und deren Mutter engagierten sich ebenfalls sehr stark in der Kirche. Seine Mutter, Alberta King, war eigentlich Lehrerin, musste als Pfarrfrau aber ihren Beruf aufgeben. Sie liebte die Musik und spielte in der Gemeinde Orgel. Ihre Kinder bekamen früh Musikunterricht. Martin und sein Bruder fanden jedoch, dass das Klavierspiel nichts für Jungen sei. Kurzerhand gingen sie deshalb mit dem Hammer auf das Instrument los. Gospel Songs und Spirituals lagen Martin mehr. Schon mit vier Jahren sang er in verschiedenen Gemeinden Lieder vor.

Martins Eltern

Die Gemeinde sorgte dafür, dass Martins Familie in einem gewissen Wohlstand leben konnte. Sie war stolz darauf, ihren Pfarrer ordentlich zu bezahlen. Martin wuchs von klein auf in die Gemeinde hinein. Er wollte die „großen Wörter", die er in den Predigten lernte, später selber verwenden. Ehe er lesen konnte, umgab er sich mit Büchern. Schon als Grundschulkind hatte er immer ein Wörterbuch zur Hand, um seinen Wortschatz zu erweitern. Bei Redewettbewerben errang er regelmäßig Preise. Im Gymnasium übersprang er zwei Klassen.

Die Geborgenheit in Elternhaus und Gemeinde bewahrte Martin nicht vor den bitteren Erfahrungen der Rassentrennung, der *Segregation*, und des Rassenhasses. Zwei seiner weißen Freunde durften von einem Tag auf den andern nicht mehr mit „dem Neger" spielen. Eine Welt brach für ihn zusammen. Als sein Vater ihm einmal Schuhe kaufen wollte, wurden sie nicht bedient. Sie hatten sich auf für Weiße vorgesehene Plätze gesetzt. Eines Tages in einem Kaufhaus schlug eine ihm unbekannte weiße Frau ihm ins Gesicht und rief: „Du bist der Nigger, der mir auf den Fuß getreten hat."

Als Schüler arbeitete er in den Sommerferien auf einer Tabakfarm im Norden der USA. Martin gefiel das für Schwarze scheinbar freiere Leben dort. Auf der langen Rückreise wollte er im Speisewagen essen. Das konnte er auch - hinter einem Vorhang verborgen! Schon einmal war er auf einer Fahrt in öffentlichen Verkehrsmitteln tief verletzt worden: Er hatte gerade wieder einen Redewettbewerb gewonnen, als er auf dem Rückweg gezwungen wurde, 160 Kilometer im Bus zu stehen, weil ein Weißer seinen Platz beanspruchte, obwohl in den Reihen für die Weißen noch Plätze frei waren.

Martin hatte viel Humor, und er war ein guter Sportler. Er schwamm gern, spielte Tennis und Baseball und war ein ausgezeichneter Ringer. Wie seine Freunde trug er schon mit acht Jahren Zeitungen aus. Das sollte das Selbstbewusstsein der Kinder stärken und sie anhalten, ihr Geld sinnvoll einzuteilen: ein Drittel wurde gespart, ein Drittel gespendet, und ein Drittel durften sie ausgeben.

Bereits mit 15 Jahren, viel jünger als die anderen, besuchte Martin das *Morehouse College*. Als Hauptfach wählte er Soziologie, ein Fach, das sich mit der Struktur der menschlichen Gesellschaft befasst. Er wollte Arzt oder Rechtsanwalt werden. Das baptistische Pfarramt reizte ihn nicht. Er meinte, es würde seinen Verstand zu wenig herausfordern und nicht wirklich auf die Probleme der Zeit eingehen können.

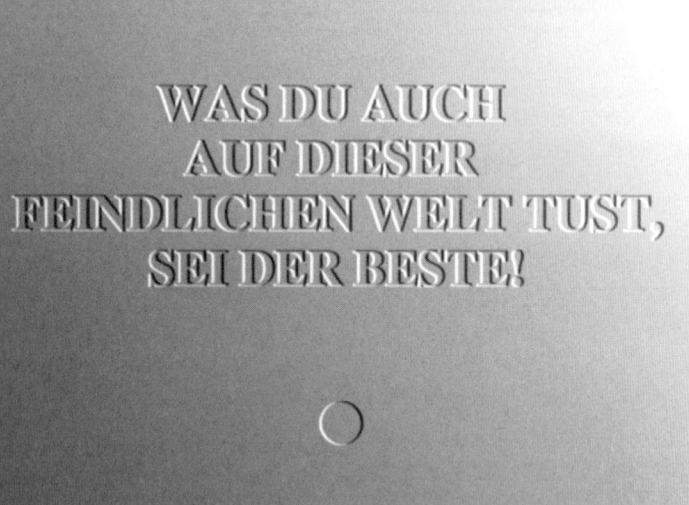

WAS DU AUCH
AUF DIESER
FEINDLICHEN WELT TUST,
SEI DER BESTE!

Leitspruch des Morehouse College

Zwei seiner Professoren, beide Theologen, beeindruckten ihn aber so stark, dass er sich doch entschloss, Pfarrer zu werden. Er war erst siebzehn Jahre alt, als er seine erste Predigt vor der großen Gemeinde seines Vaters hielt - und alle in Bann schlug. Im Jahr darauf wurde er ordiniert, d. h. er wurde in das geistliche Amt eingesetzt und war jetzt Hilfspfarrer. Martins Vater, dem Bildung wichtig war, unterstützte seinen Plan, Theologie zu studieren. Er sollte sich wissenschaftlich mit Fragen der Lehre von Gott befassen. Dazu ging Martin in den Norden, und zwar an das *Crozer-Seminar* in der Nähe von Philadelphia im Bundesstaat Pennsylvania. Dort war er einer von sechs Schwarzen unter 100 Studierenden. Um die üblichen Vorurteile gegen Schwarze gar nicht erst aufkommen zu lassen, achtete er darauf, immer pünktlich zu sein und sich sorgfältig zu kleiden.

Martin setzte sich im Studium mit den verschiedensten Vorstellungen von Mensch und Gesellschaft auseinander. Bald war er überzeugt, dass eine Religion bei aller Sorge um die Seele der Menschen nicht deren *wirtschaftliche Verhältnisse* und ihre Lebensumstände in der Gesellschaft - die so genannten *sozialen Verhältnisse* - vernachlässigen darf.

Ein Vortrag über den gewaltlosen und doch erfolgreichen Widerstand des Inders Mahatma Gandhi gegen die wirtschaftliche Ausbeutung seines Landes und die politische Unterdrückung durch die Engländer begeisterte Martin. Er fand, Gandhis gewaltloses Vorgehen stehe im Einklang mit der christlichen Botschaft von der Liebe: Nicht nur Nächstenliebe, sondern auch Feindesliebe ist uns aufgetragen. Dieser Weg zur gesellschaftlichen Veränderung beeinflusste später stark seinen eigenen Kampf für die Rechte der Afroamerikaner.

Mahatma Gandhi, 1869 - 1948

Für seinen glänzenden Studienabschluss am *Crozer-Seminar* erhielt Martin einen Preis. Von diesem Geld konnte er seine Ausbildung fortsetzen. Er zog nach Boston in Massachusetts und schrieb an der bekannten *Boston University* seine Doktorarbeit. Darin untersucht er die Rede von Gott bei zwei großen Theologen, Paul Tillich und Henry Nelson Wieman. Er zeigt, dass beide Gottes Eingreifen in das Leben der Menschen nicht überzeugend erfassen.

In Boston lernte er Coretta Scott aus Alabama kennen. Sie studierte an der Musikhochschule und wollte Konzertsängerin werden. Coretta beeindruckte ihn durch ihre Intelligenz, ihre Persönlichkeit und ihre Schönheit. Schon am ersten Tag verliebte er sich in sie, und es dauerte nicht lange, da verliebte sich Coretta in ihn. Im Sommer 1953 heirateten sie. Coretta musste dafür ihre Hoffnungen auf eine eigene Karriere aufgeben. Als Frau eines baptistischen Predigers im Süden konnte sie nicht Sängerin sein. Angebote, an der Universität zu bleiben oder im Norden der USA Pfarrer zu werden, schlug Martin aus. Er fühlte, dass er im Süden gebraucht wurde.

Coretta und Martin an ihrem Hochzeitstag

1954, im Alter von 25 Jahren, übernahm er die *Dexter Avenue Baptist Church* in Montgomery in Alabama. Als baptistischer Pfarrer trank er keinen Alkohol, tanzte nicht (mit einer Ausnahme, von der ihr noch hört), war ehrlich, lebte in den Geschichten der Bibel und nahm das Gebet sehr ernst.

Die Dexter Avenue Baptist Church in Montgomery, Alabama

Martin brauchte fünfzehn Stunden, um eine Predigt vorzubereiten. Er lernte sie danach auswendig und hielt sie frei. Als schwarzer Geistlicher wollte er aber nicht nur Prediger des Wortes Gottes sein. Er wollte auch Pastor sein, also guter Hirte, ein Seelsorger seiner Gemeinde. Und er wollte sich für Gerechtigkeit einsetzen und so seiner Gemeinde die christliche Hoffnung vermitteln. Mit diesen Ansprüchen forderte er sehr viel von sich. Aber schon bald kamen weitere Aufgaben auf ihn zu.

Das Leben im Süden der USA war streng *segregiert*, d. h. nach Rassen getrennt: auf der einen Seite die Weißen, auf der anderen die Schwarzen. Das galt zum Beispiel für Wohngebiete, Kirchen, Schulen, Bibliotheken, Hotels, Theater, öffentliche Toiletten, Imbissstände, Busse, Parks und Erholungsstätten.

In den Bussen mussten die Schwarzen erst vorn einsteigen, um beim weißen Fahrer zu bezahlen. Dann mussten sie aber wieder aussteigen, nach hinten laufen und dort einsteigen. Manchmal fuhren die Busfahrer absichtlich los, ehe ihre Fahrgäste die hintere Tür erreicht hatten. Im Bus mussten die Schwarzen den Weißen ihre Plätze überlassen, wenn deren Reihen nicht ausreichten.

Am 1. Dezember 1955 weigerte sich die schwarze Näherin Rosa Parks in *Montgomery*, ihren Sitzplatz im Bus aufzugeben. Sie habe den ganzen Tag gearbeitet, ihre Füße täten ihr weh. Sie wurde sofort verhaftet. Derartige Zwischenfälle hatte es schon öfter gegeben. Aber diesmal war die Geduld der Schwarzen zu Ende.

Rosa Parks

Eine schwarze Frauenorganisation, der *Women's Political Council*, hatte bereits Pläne für einen Busstreik entwickelt. Diese Gruppe rief zusammen mit Martin, weiteren Pfarrern und anderen einflussreichen Afroamerikanern die schwarze Bevölkerung auf, am 5. Dezember die Busse zu *boykottieren*, d. h. sie nicht zu benutzen. Dazu druckten die Frauen 40.000 Flugblätter. Am Sonntag wurden die Gemeinden unterrichtet. Die schwarzen Taxifahrer erklärten sich bereit, ihre Kunden zu Buspreisen zu befördern.
Der Boykott übertraf alle Erwartungen. Nur ganz vereinzelt benutzten Schwarze den Bus!

Martin wurde zum Vorsitzenden eines schwarzen Ausschusses zur Verbesserung der Beziehungen zwischen den Rassen gewählt, der *Montgomery Improvement Association* (MIA). Direkt nach der Wahl sollte er auf einer Massenversammlung sprechen. Ihm blieb nur Zeit zur Sammlung in einem Gebet. Seine Rede ergriff die 4.000 Zuhörer ebenso wie sein Aufruf zur Versöhnung. Er verlangte, dass die Schwarzen mutig, würdevoll und in der Liebe Christi für ihre Rechte kämpfen sollten. Das schloss Hass und die Anwendung von Gewalt von vornherein aus.

Martin war davon überzeugt, dass die Rassentrennung auch für die Weißen schlecht sei. Sie führe bei ihnen zu falschen Ansichten und zu unbewussten Schuldgefühlen. Wenn der Kampf der Schwarzen Erfolg habe, werde er auch die Weißen befreien.

26

Die MIA stellte drei Forderungen auf. Erstens sollten die Menschen in den Bussen höflich behandelt werden. Zweitens sollten auf den Linien, die vorwiegend von Afroamerikanern benutzt wurden, schwarze Busfahrer eingesetzt werden. Drittens sollten die Sitze in der Reihenfolge eingenommen werden, in der die Fahrgäste kamen - wobei die Schwarzen von hinten nach vorn, die Weißen von vorn nach hinten Platz nehmen würden. Jedes Entgegenkommen außer im ersten Punkt wurde von den Weißen abgelehnt.

Die Schwarzen setzten ihren Busstreik fort. 150 Autos in einem so genannten *car pool* fuhren feste Routen. Sehr viele Menschen liefen täglich weite Strecken. Sie liefen für die Befreiung ihrer Kinder und Enkel. Eine alte Frau sagte: „Meine Füße sind müde. Aber meine Seele hat Frieden gefunden." Es begeisterte die Menschen, dass Afroamerikaner aus allen Schichten zusammenhielten.

Als die Busgesellschaft weit mehr als die Hälfte ihrer Einnahmen verlor, verhärtete sich die Front der Weißen. Martin kam wegen Geschwindigkeitsübertretung ins Gefängnis. Andere wurden wegen anderer angeblicher Vergehen verhaftet. Das aber einte die Schwarzen nur noch mehr und stärkte ihre Entschlossenheit, den Streik fortzusetzen.

Kaum zwei Monate nach Beginn des Busboykotts traf die erste Bombe Martins Haus. Coretta konnte sich und ihr Kind retten. Als Martin kam, war bereits eine wütende Menschenmenge versammelt. Er erinnerte sie an Jesu Aufforderung: „Liebet eure Feinde!" und verlangte, sie müssten den Hass mit Liebe vergelten. Auch Waffen, die viele mitgebracht hatten, mussten sie abgeben. Die Leute waren bewegt, viele weinten.

„Meine Füße sind müde..." Busstreik in Montgomery

Aus ganz Amerika und aus vielen anderen Ländern trafen Spenden in Montgomery ein. Damit konnten die Schwarzen Autos kaufen oder Leute aus dem Gefängnis „freikaufen", d. h. sie hinterlegten eine *Kaution*, eine Geldsumme, die als Sicherheit diente, dass der Freigekaufte zu seiner Verhandlung vor Gericht erscheinen würde.

Ihr könnt euch vorstellen, wie viele Mitarbeiter für die Organisation des Streiks nötig waren. Die späteren Aktionen und die Erfolge Martins sind ohne sie nicht denkbar - zum Beispiel Ralph Abernathy, Wyatt T. Walker und Andrew Young. Auch Außenstehende wie der weiße Rechtsanwalt Stanley Levison unterstützten sie. Coretta trat bei Freiheitskonzerten auf und brachte der Bürgerrechtsbewegung dadurch Geld ein - einmal waren es 50.000 Dollar!

Ralph Abernathy

Bedroht wurde der Busboykott, als die Stadt gegen den car pool vorging. Es hieß, er arbeite als privates Unternehmen ohne behördliche Genehmigung. Martin wusste, dass die Schwarzen den Streik ohne die privaten Fahrzeuge nicht durchhalten konnten. Als am 13. November 1956 die Gerichtsverhandlung stattfand, stand die Entscheidung des weißen Gerichts von vornherein fest. Die Afroamerikaner würden wieder zu den Bussen zurückkehren müssen. Das aber würde sie in ihrem Kampf völlig zurückwerfen! Der Widerstand von fast einem Jahr wäre vergeblich gewesen.

Doch plötzlich verbreitete sich eine großartige Nachricht. Der Oberste Gerichtshof Amerikas, der Supreme Court, hatte soeben erklärt, dass die Gesetze Alabamas über die Rassentrennung in Bussen verfassungswidrig seien! Es war wie ein Wunder! Alle Sorgen Martins und seiner Kampfgenossen hatten sich mit dieser Entscheidung erübrigt. Die Schwarzen konnten die Busse wieder benutzen – nur jetzt mit den gleichen Rechten wie die Weißen.

Am selben Abend drang der Ku-Klux-Klan mit 40 Autos in die Viertel der Schwarzen ein, um wieder lähmende Furcht zu verbreiten. Doch diesmal war die Terroraktion erfolglos. Die Afroamerikaner hatten einen Sieg errungen und ließen sich nicht einschüchtern. Die Weißen zogen verstört ab.

Jetzt mussten sich Martin und die anderen Streikführer Gedanken machen, wie die Schwarzen in die Busse zurückkehren konnten, ohne sich von den Weißen zu unüberlegten Taten hinreißen zu lassen. Der gewaltfreie Widerstand wurde in Kirchen eingeübt. Eine der Regeln hieß zum Beispiel: „Wenn du geschlagen wirst, schlage nicht zurück, sondern zeige zu allen Zeiten Liebe und Wohlwollen. Bete für den Unterdrücker."

30 Als Martin nach dem Ende des Streiks
den ersten Bus bestieg, hielt das Fernsehen diesen historischen Augenblick fest.
Nur - die Stadtverwaltung schürte den Kon-
flikt weiter. Sie werde alles tun, um sich gegen die *Integration* (die Eingliederung) der
Schwarzen zu wehren.

Die Gewaltausbrüche der Weißen ließen nicht
lange auf sich warten. Bald wurde von außen
auf Schwarze, die in Bussen fuhren, geschossen. In
Terrorakten wurden unter anderem vier baptistische
Kirchen zerstört. Auf Martins Haus wurde ein zweites
Bombenattentat verübt. Erst als Weiße wegen Verbrechen
gegen Schwarze vor Gericht gestellt wurden - was es vorher
nie gegeben hatte -, hörten die Gewalttaten auf.

Nach einem Jahr des Widerstands hatten die Afroamerikaner in Montgomery ihre Ziele durchgesetzt. Dabei hatten sie gelernt, gemeinsam
zu handeln, und sie hatten ihre eigene Macht kennen gelernt. Das war
ein wahrhaft großer Schritt zur Freiheit!

Allerdings hatte dieser Erfolg seinen Preis für Martin. Fast täglich bekam er Morddrohungen. Ständig klingelte das Telefon, und eine Flut von wüsten Beschimpfungen ergoss sich über ihn und Coretta. Ihr Familienleben litt unter seiner häufigen Abwesenheit. Doch Coretta stand im Kampf für die Freiheit hinter ihm.

Coretta und Martin machten sich auch Gedanken, wie sie das Selbstbewusstsein ihrer Kinder stärken könnten. Wie sollten schwarze Kinder sich selbst annehmen, wenn in den Illustrierten und in der Werbung nur weiße Menschen als schön dargestellt wurden? Wie sollten sie verstehen, dass schwarzen Kindern der Vergnügungspark, für den im Fernsehen geworben wurde, nicht offen stand?

Martin und Coretta mit ihren Kindern Yoki (Yolanda), Bunny (Bernice), Dexter und Marty (Martin)

Die meisten Amerikaner hatten den gewaltfreien Kampf von Montgomery gespannt verfolgt. An zahlreichen Orten versuchten nun viele der 11 Millionen Schwarzen in den Südstaaten, ähnliche Aktionen unter der Führung ihrer Pfarrer durchzuführen. Alte und neu gegründete Organisationen sollten ihnen dabei mit Rat und Tat behilflich sein.
Eine davon war die *Southern Christian Leadership Conference (SCLC)*, die Südliche Christliche Führungskonferenz, von schwarzen Geistlichen ins Leben gerufen.
Martin als Präsident und sein Freund Ralph Abernathy gehörten zur Leitung.

Am 17. Mai 1957 fand die *Prayer Pilgrimage* statt, ein Gebetspilgerzug von 20.000 Menschen nach *Washington*, dem Regierungssitz der Vereinigten Staaten. Es war der dritte Jahrestag der bahnbrechenden Erklärung des Obersten Gerichtshofs der USA, dass Rassentrennung in den Schulen ungesetzlich sei. Mit dem Marsch auf Washington sollte dem Widerstand gegen die **Rassendiskriminierung** dramatisch Nachdruck verliehen werden. Die Teilnehmer empfingen Martin begeistert. Sie sahen ihn als Führer der Bürgerrechtsbewegung an.

Diskriminieren, ein Wort aus dem Lateinischen, bedeutet trennen, absondern. Es ist Rassendiskriminierung, wenn eine Rasse gegenüber einer anderen benachteiligt wird. Die schlechtere Ausstattung von Krankenhäusern in Gebieten, in denen hauptsächlich Schwarze wohnen, ist ein Beispiel für Rassendiskriminierung.

Martins Führungsrolle wurde im ganzen Land anerkannt. Er bekam viele Ehrungen, unter anderem mit 28 Jahren die ersten Ehrendoktortitel. Diese Erfolge erfüllten allerdings manche seiner Mitkämpfer mit Neid. Martin wollte jedoch keine Kultfigur werden. Er verbot den schwarzen Organisationen, sein Bild aufzuhängen.

Im September kam es zu schweren Rassenunruhen. Denn die weißen Schulen mussten sich für schwarze Kinder öffnen. In Little Rock in Arkansas wurden die Streitkräfte dieses Bundesstaates eingesetzt, um den Zutritt von schwarzen Kindern zur weiterführenden Schule zu verhindern. Erst auf Druck des Präsidenten konnten sie unter Polizeischutz das Gebäude betreten. Doch da verließen sehr viele weiße Kinder die Schule. Bei blutigen Zusammenstößen zwischen Weißen und Schwarzen wurden einige Afroamerikaner grausam niedergemetzelt.

Schwarze Schüler werden unter Polizeischutz zur Schule gebracht

Als Martin im Herbst 1958 an einer Gerichtsverhandlung teilnehmen wollte, ließen weiße Polizisten ihn nicht in den Saal. Sie misshandelten ihn und behaupteten, er habe Widerstand geleistet. Später wurde er verurteilt, eine Geldstrafe zu zahlen oder für zwei Wochen ins Gefängnis zu gehen. Mit der MIA hatte er ausgemacht, die Haftstrafe anzutreten. Dadurch wollte er auf den Weg des Leidens hinweisen, der den Schwarzen nach seiner Einschätzung noch bevorstand. Doch - er kam nicht ins Gefängnis. Seine Strafe war nämlich stillschweigend vom Polizeikommissar bezahlt worden! Offensichtlich wollte das weiße Montgomery nicht schon wieder die Aufmerksamkeit der ganzen Nation auf seine fragwürdige Rechtsprechung lenken.

Zwei Wochen später griff eine Schwarze Martin mit einem scharfen Brieföffner an und verletzte ihn schwer. Eine falsche Bewegung vor der Notoperation hätte seinen Tod bedeutet. Noch im Krankenhaus setzte Martin sich für die Attentäterin ein. Sie brauche Hilfe.

Der Mordanschlag war in New York passiert, auf einer seiner vielen Reisen. Er zeigte schlagartig, wie gefährdet er durch sein öffentliches Auftreten war.

Martin wird verhaftet

Im Jahr zuvor, 1957, hatte Martin 200 Ansprachen gehalten und dabei 1.250.000 Kilometer zurückgelegt. Einladungen führten ihn nach Europa und nach Afrika. Hier, in der Heimat seiner Vorfahren, galt sein Interesse vor allem der Befreiung einzelner Länder von den **Kolonialmächten** und ihrer Entwicklung zum eigenständigen Staat. Später besuchte er auch Indien. Auf Gandhis Spuren überdachte er noch einmal seine Auffassung: **Nur der gewaltfreie Widerstand kann den Unterdrückten in ihrem Kampf für Freiheit zum Erfolg verhelfen.**

Ende 1959 übernahm Martin das zweite Pfarramt an der *Ebenezer Baptist Church* in Atlanta, der Kirche seines Vaters. Der Wechsel ließ ihm mehr Freiraum für seine Aufgaben in der Bürgerrechtsbewegung. Martin mutete sich übermenschliche Anstrengungen zu. Sein Arbeitstag begann um 6.30 Uhr und endete nie vor 2 oder 3 Uhr nachts.

Verschiedene europäische Länder waren Kolonialmächte, d. h. sie unterdrückten andere Länder - z. B. in Afrika - politisch und beuteten sie wirtschaftlich aus.

Eine neue Form des Streiks gegen die Rassentrennung breitete sich Ende der 50er Jahre in den Südstaaten aus. Mit Sitzstreiks, so genannten *Sit-ins*, wollten schwarze und weiße Studierende erzwingen, an Imbisstheken gemeinsam bedient zu werden. Wie das Gesetz es vorsah, sollte die Segregation auch in den Schulen, bei Wahlen, in Krankenhäusern, Restaurants und Kinos endlich aufgehoben werden.

Ein Lied der Schwarzen, das die Studierenden sangen, wurde zu *dem* Lied der Bürgerrechtsbewegung. Die erste und bekannteste Strophe lautet:

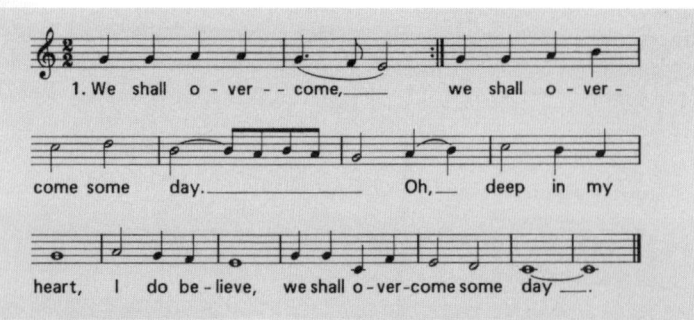

We shall overcome,	Wir werden (die Unterdrückung) überwinden,
we shall overcome,	wir werden sie überwinden,
we shall overcome some day.	eines Tages werden wir sie überwinden.
Oh, deep in my heart I do believe,	Tief in meinem Herzen glaube ich,
we shall overcome some day.	eines Tages werden wir sie überwinden.

Martin kam bei einem Sitzstreik mit anderen ins Gefängnis. Als nach Tagen alle freigelassen wurden, war er nicht dabei. Die Behörden begründeten dies damit, dass Martin durch seine Teilnahme am Sit-in den Straferlass aus einer früheren Gerichtsverhandlung verwirkt habe. Was hatte er getan? Bei seinem Umzug hatte er vergessen, seinen Führerschein von Alabama auf Georgia umschreiben zu lassen.

In Handschellen wurde er vor Gericht geführt und zu einer harten Strafe verurteilt: vier Monate Zwangsarbeit im 500 Kilometer entfernten Staatsgefängnis von Reidsville. Er wurde sofort gefesselt dorthin gebracht, von Hunden bewacht. Seine Lage war hochgefährlich. Offenbar sollte ein anderer Gefangener Streit mit ihm anfangen. Dann könnte er getötet werden. Auf diese Weise waren schon häufig unerwünschte Schwarze in Zuchthäusern umgebracht worden. Es hieß dann, sie hätten Selbstmord verübt oder seien auf der Flucht oder bei einem Gefängnisaufstand erschossen worden.

Coretta bangte um Martin. Da erhielt sie einen Anruf von John F. Kennedy, dem Präsidentschaftskandidaten der Demokratischen Partei. Er war auf das Unrecht, das Martin erlitt, hingewiesen worden. Martin wurde durch sein Eingreifen gegen Kaution freigelassen. Einige Tage später gewann Kennedy mit den Stimmen der Schwarzen die Wahl zum Präsidenten der Vereinigten Staaten.

Präsident John F. Kennedy, 1917 - 1963

38 Die Zusammenarbeit zwischen den verschiedenen schwarzen Organisationen war nicht einfach.
Manche waren mit den bisherigen Erfolgen - wie
vielerorts integrierten Imbisstheken - zufrieden.
Andere wollten am liebsten mit Gewalt gegen
die fortgesetzte Rassendiskriminierung vorgehen.
Ganz extrem waren die *Black Muslims*, die Schwarzen Muslime (oder Moslime oder Moslems). Sie
schürten den Rassenhass und schienen eine eigene schwarze Nation innerhalb der USA bilden zu
wollen. Martin litt unter diesen Spannungen. Er
hielt daran fest, dass nur der gewaltfreie Kampf
zum Ziel führen könne. Aus Gewalt würde nur
neue Gewalt entstehen.

Auch die Weißen machten ihm weiterhin das Leben schwer. Sie warfen ihm Steuerhinterziehung
vor. Er habe Gelder der MIA und der SCLC ange-
nommen, aber bei seiner Steuererklärung nicht
angegeben. Das verletzte Martin tief. Sein guter
Ruf stand auf dem Spiel. Nach tagelanger Gerichtsverhandlung aber sprach das weiße Gericht
ihn in allen Anklagepunkten frei - ein unerhörter
Vorgang!

1961 begannen die so genannten Freiheitsfahrten, die *Freedom Rides*. Schwarze und Weiße fuhren zusammen in Überlandbussen. Sie wollten damit die vom Gesetz vorgeschriebene gleiche Behandlung für alle in den Bussen erreichen. Es kam aber zu schrecklichen Gewalttätigkeiten. Weiße Rassisten zerrten die Freiheitsfahrer aus den Bussen und misshandelten die Menschen, die sich nicht wehrten. Sie setzten Busse in Brand. Als einmal 300 Rassisten einen Bus in Montgomery angriffen, schritt die Polizei nicht ein. Erst nach langer Verzögerung holten Krankenwagen die Schwerverletzten ab. 600 Mann der Streitkräfte von Alabama waren nötig, um die hasserfüllte Menge zum Rückzug zu bewegen.

Trotz der Gewaltanwendung der Rassisten waren die Sit-ins und die Freiheitsfahrten der Bürgerrechtsbewegung sehr erfolgreich. An den Sitzstreiks nahmen 70.000 Schwarze und Weiße teil. Tausende kamen ins Gefängnis. Studenten verloren wegen ihrer Beteiligung an den Aktionen ihren Studienplatz, Professoren ihre Stelle. Doch in vielen Bibliotheken, Restaurants, Kinos und Supermärkten wurde die Rassentrennung aufgehoben.

Streitkräfte schützen die Freedom Riders

Als 1962 der Kampf für gleiche Rechte - wie sie vom Gesetz ja vorgesehen waren - in **Albany** in Alabama geführt wurde, erlitt die Bürgerrechtsbewegung eine Niederlage. Die Stadtverwaltung wollte die Rassenschranken nicht aufheben und schloss lieber Stadtbücherei und Parkanlagen - obwohl sie auch mit den Steuergeldern der Schwarzen errichtet und betrieben worden waren. Bei den *Demonstrationen*, d. h. den Massenkundgebungen oder Massenprotesten, gegen die Segregation wurden viele Teilnehmer verhaftet. Langsam richtete sich die öffentliche Meinung gegen die Behörden.

Da geschah etwas, was bei gewaltfreien Aktionen nicht hätte vorkommen dürfen: 2000 Jugendliche griffen mit Flaschen und Knüppeln 170 Polizisten an. Martin und seine Mitarbeiter hatten sich nicht genügend Zeit genommen, die jungen Leute vor Beginn der Proteste davon zu überzeugen, dass nur der gewaltfreie Kampf Aussicht auf Erfolg habe. Martin rief zu einem Tag der Reue mit Gebeten auf. Dann beging er einen schweren Fehler. Er fügte sich dem Verbot, weitere Demonstrationen zu organisieren. Damit war die Kampfkraft der Schwarzen in Albany gebrochen.

Martin und die anderen Führer der Bürgerrechtsbewegung ließen sich von diesem Misserfolg nicht entmutigen. Sie lernten daraus. Ihr nächster Kampfplatz war die Industriestadt **Birmingham** in Alabama. Ein Erfolg hier würde große Bedeutung für den gesamten Süden haben. Birmingham galt als am stärksten segregierte Stadt. Immer wieder hatte es Bombenanschläge, auch auf schwarze Kirchen, gegeben. Schwarze waren ermordet worden. Trotzdem hielten viele Afroamerikaner nichts davon, gegen die Rassentrennung vorzugehen. Sie glaubten nicht daran, dass die Gesellschaft verändert werden könne.

Vor den Protesten in Birmingham wurde sorgfältig eingeübt, wie die Demonstranten gewaltfrei Widerstand leisten sollten. Alle Freiwilligen mussten sich verpflichten, *10 Gebote* einzuhalten. Zum Beispiel:

1. **DENKE** *jeden Tag über die Lehren und das Leben Jesu nach.*

2. **ERINNERE** *dich immer daran, dass die gewaltfreie Bewegung in Birmingham Gerechtigkeit und Versöhnung sucht - nicht den Sieg.*

3. **HANDLE** und **SPRICH** *im Geist der Liebe, denn Gott ist Liebe.*

4. **BETE** *täglich, Gott möge sich deiner bedienen, dass alle Menschen die Freiheit erlangen.*

8. **ENTHALTE** *dich der Gewalttätigkeit der Faust, der Zunge und des Herzens.*

Ihr seht, wie stark die Bürgerrechtsbewegung von der Bibel geprägt war. Schon der Ausdruck *Zehn Gebote* weist darauf hin. Sie war orientiert an Jesu Lehren und Leben: Dienst am Nächsten, Gewaltfreiheit und Handeln im Geist der Liebe. In all den Jahren des Kampfes waren Gottesdienste und Gebete wichtige Bestandteile jeder Demonstration und der gesamten Arbeit der Bewegung.

Im April 1963 begannen die Proteste in Birmingham. Wie üblich wurde die Integration der Schwarzen an Imbissständen gefordert. Außerdem sollten mehr Afroamerikaner in Geschäften und Industriebetrieben eingestellt werden. Bei den Demonstrationen wurden Hunderte verhaftet. Viele Menschen kamen gegen Kaution wieder frei, bezahlt mit Geld, das zuvor gesammelt worden war. Martin und sein Freund Ralph wollten sich mit 50 anderen Demonstranten festnehmen lassen - am Karfreitag, dem Tag, an dem Jesus gekreuzigt worden war. Diesem Tag des Leidens aber folgt Ostern - der Sieg des Lebens. An diesem Plan hielt Martin auch dann noch fest, als sich zeigte, dass kein Geld für weitere Kautionen mehr da war. Hätte er in dieser Situation erst einmal weitere Mittel aufgetrieben, wäre das einer Abschwächung der Kampfkraft gleichgekommen. Das hätte wie in Albany das Ende der Proteste bedeuten können.

Festnahme einer Demonstrantin

Der Polizeikommissar Eugene Connor, bekannt als „Bull" (Bulle) Connor, zögerte nicht. Er ließ die Demonstranten festnehmen. Martin und Ralph kamen in Einzelhaft. Sie mussten auf dem nackten Bettrost schlafen, ohne Matratzen und Decken. Erst als sich Präsident Kennedy am Ostermontag einschaltete, wurden die Haftbedingungen verbessert.

Martin blieb acht Tage im Gefängnis. In dieser Zeit schrieb er den berühmten *Brief aus dem Gefängnis von Birmingham* an acht weiße Geistliche aus Alabama. Sie hatten seinen Protest als „unweise und unzeitgemäß" angeprangert. Der „Brief" war auf Zeitungsränder und Toilettenpapier geschrieben und wurde aus dem Gefängnis geschmuggelt. Nach wenigen Tagen war er in fast einer Million Exemplaren im ganzen Land verbreitet.

Martin gibt darin eine glühende Erklärung für die Sache der Bürgerrechtsbewegung ab. Trotz seiner leidenschaftlichen Worte ist er um eine gerechte Darstellung bemüht. Ebenso eindrucksvoll ist seine Kraft, auf alle Angriffe ohne Hass zu reagieren.

Im Mittelpunkt des Briefes steht seine Auseinandersetzung mit der weißen Kirche, von der er sehr enttäuscht ist. Seine Hoffnungen auf ihre Unterstützung haben sich nicht erfüllt. Der Kampf für Freiheit und Gleichheit aller Menschen als Kinder Gottes hätte doch ihr ureigenstes Anliegen sein müssen! Er schreibt: „… wie nie zuvor steht die Kirche unter dem Gericht Gottes. Wenn die heutige Kirche nicht den Opfergeist der frühen Kirche wiedergewinnt, wird sie ihre Glaubwürdigkeit verlieren … und als unmaßgeblicher Gesellschaftsklub (social club) ohne Bedeutung für das 20. Jahrhundert abgeschrieben werden."

Auf der Suche nach der wahren Kirche nennt er dankbar die weißen Christen, die den Weg mit den Schwarzen gegangen sind. Sie ließen sich mit ihnen einsperren, einige verloren ihre Stelle. „Aber sie haben im Glauben gehandelt, dass das besiegte Recht stärker ist als das Übel, das triumphiert." Er sieht es als großes Problem an, dass viele Menschen zum brutalen Vorgehen anderer so oft schweigen. Der Brief schließt mit der Zuversicht: Die Freiheit wird in Birmingham und an anderen Orten gewonnen werden, denn Amerika stehe für das Streben nach Freiheit.

Der berühmte schwarze Sänger Harry Belafonte sammelte 50.000 Dollar für Kautionen. Kaum waren Martin und Ralph freigelassen, wurden Pläne für den weiteren Protest entwickelt. Auch die Schulkinder von Birmingham sollten am Kampf teilnehmen. Martin wusste, dass diese Entscheidung starke Kritik auslösen würde. Aber die Bewegung brauchte einen neuen Schub. Den Kindern würde die Integration zugute kommen. Ihr Einsatz würde ihnen ein Gefühl von Würde geben.

Die Polizei geht mit Wasserwerfern gegen Demonstranten vor

Sie wurden gründlich darauf vorbereitet, sich gewaltfrei zu verhalten. Am 2. Mai fand ihr erster Marsch statt. 959 Kinder wurden verhaftet. Am nächsten Tag demonstrierten 1.000 Kinder. Eugene „Bull" Connor ließ die Wasserwerfer aufdrehen. Die Wucht des Wasserstrahls warf die Schulkinder zu Boden und riss manchen die Kleider vom Leib. Dann wurden Polizeihunde auf sie losgelassen.

Ein Polizeihund springt einen Demonstranten an

Schon bald waren so viele Kinder gefangengenommen worden, dass die Stadt sie nicht mehr unterbringen konnte. Das Fernsehen übertrug die Bilder aus Birmingham ins ganze Land. Die Stimmung der Nation wendete sich gegen die weißen Rassisten.

Das Fernsehen war auch dabei, als Connor schwarze Demonstranten aufforderte, ihren Protest abzubrechen und umzukehren. Ihr Marsch sei nicht genehmigt worden. Sie knieten im Fürbittengebet für die Gefangenen nieder und riefen den Polizisten zu: „Dreht das Wasser auf! Lasst die Hunde los! Wir kehren nicht um. Vergib ihnen, o Herr!" Wie gebannt wichen Connors Leute zurück.

Im Mai kam es zu einer Übereinkunft. Die Forderungen der Bürgerrechtsbewegung wurden im Wesentlichen erfüllt. Doch viele Rassisten gaben keine Ruhe. Martins Hotelzimmer wurde von einer Bombe getroffen. Zwei Bomben verwüsteten das Haus seines Bruders.

Schließlich schickte Präsident Kennedy 3.000 Soldaten, um die Vereinbarung zu sichern. Für die Bürgerrechtsbewegung war der Erfolg von Birmingham ein Höhepunkt im Kampf um Freiheit, Gerechtigkeit und Menschenwürde. In fast 1.000 Städten kam es zu stärkerer Integration der Rassen. Der gewaltfreie Protest hatte sich bewährt.

Der Marsch auf Washington

Der Präsident brachte neue Gesetzesvorlagen für verbesserte Bürgerrechte der Schwarzen ein. Doch die Umsetzung ließ auf sich warten. Um die Anliegen der Afroamerikaner zu stärken, wurde beschlossen, einen *Marsch für Arbeit und Freiheit* nach **Washington** zu organisieren. 100.000 Menschen sollten daran teilnehmen. Er sollte zeigen, dass die Schwarzen ihren Forderungen gewaltfrei Nachdruck verschaffen konnten.

Der Marsch auf Washington am 28. August 1963 war ein ungeheurer Erfolg. 250.000 Menschen versammelten sich - ein Viertel davon Weiße. Auch Kirchen der Weißen und Gewerkschaften waren vertreten. Es kam zu keinem Zwischenfall. Millionen Menschen nahmen vor dem Fernseher am Geschehen teil. Martin sprach als letzter Redner. Er, der erst 34 Jahre alt war, wurde als moralischer Führer der Nation angekündigt. Seine Rede war großartig. Seine Worte ergriffen die Herzen der Menschen.

48 Martin erinnerte daran, dass 100 Jahre zuvor die Sklaverei abgeschafft worden war.
Doch die Schwarzen seien immer noch nicht
frei. Sie lebten in einem reichen Land in Armut. Sie seien aber entschlossen, die vollen Bürgerrechte zu erringen - gewaltfrei und ohne Hass.

Dann folgte der Teil der Rede, der auf der ganzen Welt
berühmt ist und berühmt bleiben wird unter den Menschen,
die Gerechtigkeit für alle erreichen wollen.

*... trotz der Schwierigkeiten von heute und morgen habe ich einen
Traum. Es ist ein Traum, der tief verwurzelt ist im amerikanischen
Traum, dass diese Nation sich eines Tages erheben und der wahren
Bedeutung ihres Credos (ihres Glaubens) gemäß leben wird: Wir
halten diese Wahrheit für selbstverständlich, dass alle Menschen
gleich erschaffen sind.*
*Ich habe einen Traum, dass eines Tages auf den roten Hügeln von
Georgia Söhne früherer Sklaven und Söhne früherer Sklavenhalter
miteinander am Tisch der Brüderlichkeit sitzen können. ... Ich habe
einen Traum, dass meine vier kleinen Kinder eines Tages in einer
Nation leben werden, in der man sie nicht nach ihrer Hautfarbe,
sondern nach ihrem Charakter beurteilen wird. ... Ich habe einen
Traum, dass eines Tages ... in Alabama kleine schwarze Jungen und
schwarze Mädchen sich die Hand reichen können mit kleinen
weißen Jungen und weißen Mädchen als Brüder und Schwestern. ...
Ich habe einen Traum, dass eines Tages jedes Tal erhöht und jeder
Hügel erniedrigt wird. Die rauen Orte werden geglättet und die
unebenen Orte begradigt werden, und die Herrlichkeit des Herrn
wird offenbar werden, und alles Fleisch wird es sehen.*
Das ist unsere Hoffnung.

Am Ende seiner Rede nimmt Martin eine Zeile aus einem amerikanischen Freiheitslied auf. Er sagt, wenn die Freiheit verkündet wird, dann kommt bald der Tag, an dem alle Kinder Gottes - schwarze und weiße Menschen, Juden und Heiden, Katholiken und Protestanten - sich die Hände reichen und mit den Worten des alten Spirituals singen können:

„Endlich frei, endlich frei;
Gott dem Allmächtigen sei
Dank, wir sind endlich frei!"

An Martins Rede fallen sofort die Wiederholungen auf. Er beginnt die Sätze immer wieder mit denselben Worten: *I have a dream* ..., Ich habe einen Traum. Ein anderes Stilmittel sind die Gegensätze: Sklaven - Sklavenhalter, Hautfarbe - Charakter, kleine weiße Mädchen - kleine schwarze Mädchen. Martin baut mit solchen Redeformen Spannung auf und fesselt die Aufmerksamkeit der Zuhörer und Zuhörerinnen.

Dazu nimmt er Bibelverse auf. Diese Texte mit ihren eindrücklichen Bildern waren den Versammelten von klein auf bekannt. Martin erinnert so an die Verheißung, dass das Reich Gottes und damit die Gerechtigkeit nahe ist.

DAS TROSTBUCH VON DER ERLÖSUNG ISRAELS (KAPITEL 40–55)

Des HERRN tröstendes Wort für sein Volk

40 Tröstet, tröstet mein Volk! spricht euer Gott.

2 *a* Redet mit Jerusalem freundlich und prediget ihr, daß ihre Knechtschaft ein Ende hat, daß ihre Schuld vergeben ist; denn *b* sie hat doppelte Strafe empfangen von der Hand des HERRN für alle ihre Sünden.

3 ¶ *a* Es ruft eine Stimme: In der Wüste bereitet dem HERRN den Weg, macht in der Steppe eine ebene Bahn unserm Gott!

4 Alle Täler sollen erhöht werden, und *a* alle Berge und Hügel sollen erniedrigt werden, und was uneben ist, soll gerade, und was hügelig ist, soll eben werden;

5 denn die Herrlichkeit des HERRN soll offenbar werden, und alles Fleisch miteinander wird es sehen; denn des HERRN Mund hat's geredet.

6 ¶ *a* Es spricht eine Stimme: Predige!, und ich sprach: Was soll ich predigen? Alles Fleisch ist Gras, und alle seine Güte ist wie eine Blume auf dem Felde.

Jesaja 40, Vers 4 und 5

In dieser Rede wird auch die andere Quelle sichtbar, auf die Martin sich gern bezieht: die *Unabhängigkeitserklärung*. So erinnert er an den amerikanischen Traum von Gleichheit und Freiheit, den alle teilen.

Martins Vision, seine Vorstellung von der Zukunft, wird deutlich: **Wenn sich die Menschen als Kinder Gottes verstehen, können sie in Gleichheit und Freiheit leben.** Dann können sie mit dem Spiritual der Schwarzen Gott danken.

Drei Monate nach dem Marsch auf Washington wurde Präsident Kennedy erschossen. Manche sehen einen der Gründe für seine Ermordung darin, dass er den Forderungen der Schwarzen entgegenkommen wollte. Es sei an der Zeit, hatte er gesagt, den Schwarzen ihre Rechte zu geben.

Der nächste Präsident, Lyndon B. Johnson, setzte die Gesetzesvorlagen durch, die die Schwarzen besser stellen sollten. Die Lage entspannte sich aber nicht. Im Gegenteil. Weiterhin wurden Schwarze verprügelt, erschossen oder durch Bomben getötet. Auch Weiße, die die Bürgerrechtsbewegung unterstützten, wurden umgebracht.

Zu einer grotesken Situation kam es im Sommer 1964. Martin saß wieder einmal im Gefängnis. Diesmal in Florida. Er hatte aber einen dringenden Termin. In New Haven in Connecticut sollte er die Ehrendoktorwürde einer der ältesten Universitäten der Vereinigten Staaten, der Yale University, entgegennehmen. Gegen eine hohe Kaution wurde er freigelassen. Nach dem Festakt kehrte er ins Gefängnis zurück.

Martin und Ralph im Gefängnis in Florida

Solche starken Spannungen waren typisch für Martins Leben. Einerseits wurde er bewundert und anerkannt. Er war Gesprächspartner von amerikanischen Präsidenten und Regierungschefs anderer Länder. Er erhielt Hunderte von Auszeichnungen. Radio und Fernsehen verbreiteten seine Reden im ganzen Land. Seine Bücher wurden in hohen Auflagen gedruckt. Millionen von Menschen erwarteten, dass er Wege finden würde, ihre Lage zu verbessern.

Andererseits erfuhr er ständig Hass und Ablehnung. Morddrohungen, Mordanschläge und Bombenattentate gehörten zu seinem Alltag. Über hundert Mal wurde er verhaftet. Er wurde geschlagen und misshandelt. Das FBI, die Bundeskriminalpolizei, hörte seine Gespräche zu Hause und in seinen Hotelzimmern ab. Es verleumdete ihn und brandmarkte ihn als **Kommunisten** - eine der übelsten Verdächtigungen im damaligen Amerika.

Nach dem Zweiten Weltkrieg betrachteten die Amerikaner die **Kommunisten** als ihre schlimmsten Feinde. Kommunistische Länder waren z. B. die damalige Sowjetunion, osteuropäische Länder wie Polen und Ungarn, aber auch China. Der Kommunismus will die sozialen Unterschiede zwischen den Menschen aufheben. Die Gewinne aus der Arbeit sollen geteilt werden. Das widersprach dem kapitalistischen Wirtschaftssystem der Amerikaner, in dem jeder für sich nach größtmöglichem Gewinn streben soll.

Besonders hart war es für Martin, dass er nicht nur in vielen Weißen Gegner hatte. Auch viele Schwarze stellten sich gegen ihn. Neben den älteren Menschen, die an Proteste nicht gewöhnt waren, bildete sich immer stärker die Gruppe derer heraus, die nicht länger auf Gewaltfreiheit setzten, um ihre vom Gesetz garantierten Rechte auch wirklich zu bekommen. Die *Black Power-Bewegung*, die Bewegung für schwarze Gewalt, gewann unter ihrem Führer *Malcolm X*, einem Muslim, an Einfluss.

Im Dezember 1964 erhielt Martin eine der höchsten Ehrungen der Welt. Der **Friedensnobelpreis** wurde ihm verliehen. Er war erst 35 Jahre alt und damit der jüngste Empfänger dieser Auszeichnung. Besonders gewürdigt wurde, dass er die Bürgerrechtler dazu bewegen konnte, gewaltfrei zu kämpfen. In seiner Dankesrede hob er hervor, dass er den Preis im Namen der Bürgerrechtsbewegung entgegennehme. Er betonte: Gewaltfreiheit ist nicht Passivität, d. h. Untätigkeit. Gewaltfreiheit ist eine geistige Tätigkeit, die den Gegner überzeugen und gewinnen will und so zu gesellschaftlichen Veränderungen führt. Bei dieser Feier wurde ein Ball gegeben, und auch Martin tanzte!

Martin wird der Friedensnobelpreis verliehen. Neben ihm Coretta

Anfang März sollte ein Protestmarsch von **Selma** in Alabama nach **Montgomery** stattfinden. Denn Schwarze konnten sich kaum in die Wählerlisten eintragen lassen. Die Polizei trieb die Demonstranten brutal mit Tränengas und Knüppeln auseinander, unterstützt von berittenen Polizisten mit Peitschen und elektrischen Viehstäben. Weiße Zuschauer feuerten sie an: „Macht sie fertig, die Nigger! Bringt sie um!"

1.500 Menschen versammelten sich zum nächsten Marsch, darunter fast 800 Weiße und 450 Geistliche aller Konfessionen. Sie liefen bis zur Polizeikette. Dort knieten sie auf der Straße nieder und beteten. Dann gingen sie auf Martins Bitte hin auseinander. Die Nation, die das Geschehen am Fernseher verfolgte, war tief beeindruckt von diesen Bildern.

Als ein weißer Demonstrant, Pfarrer James Reeb, Vater von fünf Kindern, an diesem Abend mit zwei anderen Geistlichen aus einem schwarzen Restaurant kam, zertrümmerten ihm Ku-Klux-Klan-Mitglieder den Schädel. Diese schreckliche Tat brachte das ganze Land auf. Der Präsident erklärte, die Sache der Schwarzen sei zur Sache der Nation geworden.

IN MEMORY OF

JAMES JOSEPH REEB, CLASS OF 1953

FATALLY BEATEN AT
SELMA, ALABAMA, MARCH 11, 1965

"GREATER LOVE HAS NO MAN THAN THIS, THAT
A MAN LAY DOWN HIS LIFE FOR HIS FRIENDS"
JOHN 15:13

Gedenktafel für James Reeb in Princeton, wo er 1953 sein Studium abschloss. „Es gibt keine größere Liebe, als wenn einer sein Leben für seine Freunde hingibt." (Johannes 15,13)

Ende März fand der dritte Marsch statt. Diesmal erreichten die Demonstranten Montgomery. 50.000 Menschen hatten sich kurz vor der Ankunft in der Stadt versammelt. Martin sprach von der Zeit des Leidens, die noch vor den Schwarzen liege. Nach dem Protest wurde eine Weiße aus Detroit, Mutter von fünf Kindern, ermordet, weil sie Schwarze im Auto mitgenommen hatte.

Der Marsch von Selma nach Montgomery

Ihr könnt euch vorstellen, dass solche grauenvollen Taten Martin und den Bürgerrechtlern sehr nachgingen. Es gehörte große Kraft und starker Mut dazu, die Arbeit trotzdem fortzusetzen.

Das Ergebnis der Aktionen von Selma war - in Zahlen gefasst - bedrückend: Zwei Menschen waren ermordet worden, fast 4.000 verhaftet. Doch nur 50 Afroamerikaner hatten sich in die Wählerlisten eintragen lassen können. Trotzdem war der Kampf um das Wahlrecht nicht sinnlos. Denn die Schwarzen fühlten sich in ihrem Willen bestärkt, durch beharrlichen Widerstand Freiheit und Gleichheit zu erringen.

Martin und seine Mitkämpfer weiteten nun die Proteste auf den Norden der USA aus. In verschiedenen Städten wie New York, Los Angeles und Detroit war es zu schwersten Krawallen gekommen, weil viele Afroamerikaner in erschreckender Armut lebten. Wie in den Südstaaten waren sehr viel mehr Schwarze als Weiße arbeitslos. Hatten sie Arbeit, verdienten sie viel weniger als die Weißen. Gewerkschaften verhinderten, dass Schwarze einträgliche Stellen beim Bau öffentlicher Gebäude bekamen.

Besonders im Norden der USA wohnten die Schwarzen in **Gettos** (oder Ghettos), d. h. in abgesonderten Stadtbezirken. Menschen werden aufgrund ihrer Rasse oder ihrer Religion (oft gezwungenermaßen) gettoisiert.

Martin wollte nicht nur für die Integration kämpfen, sondern unbedingt auch wirtschaftliche Verbesserungen fordern, z. B. feste Arbeitsstellen. Nur dann würden sich die katastrophalen Zustände in den **Gettos** ändern lassen, wo Menschen in verfallenen Häusern, oft von Ratten und Ungeziefer geplagt, leben mussten.

Viele Schwarze lehnten aber die christliche Grundlage der Bürgerrechtsbewegung ab und weigerten sich, gewaltfrei Widerstand zu leisten. Sie meinten, Martin verstehe als Südstaatler nichts von ihrer Situation. Ihnen ging es nicht mehr um Integration in die Welt der Weißen.
Von deren Versprechungen fühlten sie sich nur hingehalten. Sie forderten ihren Anteil an der wirtschaftlichen und politischen Macht der Gesellschaft. Die Afroamerikaner sollten eine eigene Machtgruppe in
Amerika bilden.

Chicago war als Zentrum der Proteste ausgesucht worden. Der Weg zu
Veränderungen war hier äußerst mühselig. Die SCLC arbeitete dafür,
der schwarzen Bevölkerung zu mehr Arbeitsstellen zu verhelfen. Sie organisierte Boykotte gegen Läden, die keine Schwarzen einstellten. Pfarrer setzten sich dafür ein, dass Geschäfte ihre Gewinne bei schwarzen
Banken anlegten, damit Afroamerikaner dort Geld leihen konnten, um
kleine Unternehmen zu gründen. Doch die Gettos wurden nicht - wie
von der Stadt zugesagt - aufgelöst.

Später plante Martin ein Programm für die Armen Amerikas, das nicht
nur die Schwarzen betraf. Mit einem *Marsch der Armen* nach **Washington**, für April 1968 vorgesehen, wollte er der ganzen Nation das Elend
dieser Menschen dramatisch vor Augen führen. Das Ziel war, *Hoffnung
statt Verzweiflung* auszubreiten. Es sollte durch wirtschaftliche Sicherheit, bessere Wohnungen und gute Schulen erreicht werden.

Während der Vorbereitungen auf diesen Marsch wurden große Erfolge
bei der Eintragung von Wählern in Cleveland in Ohio erzielt. Dadurch
konnte dort ein schwarzer Bürgermeister gewählt werden.

Im **Vietnamkrieg** (1965-1973) kämpften die USA an der Seite der Südvietnamesen gegen das kommunistische Nordvietnam, konnten den Krieg aber nicht gewinnen.

Martin zog den Zorn vieler Amerikaner auf sich, als er sich gegen den **Vietnamkrieg** aussprach. Kriegsgegner waren für die meisten Amerikaner Vaterlandsverräter. Sehr viele Afroamerikaner konnten es nicht verstehen, dass sich Martin als schwarzer Bürgerrechtler mit der von Weißen geführten Friedensbewegung verband. Sie befürchteten - wie sich zeigte, zu Recht -, von der Regierung weniger Unterstützung für ihren Kampf zu erhalten, wenn er sich gegen den Krieg stellte. Martins Ansehen bei der Regierung sank.

Doch er sah deutlich, dass der Vietnamkrieg nicht nur ein schreckliches Unrecht war. Er verschlang auch riesige Summen, die für die Bekämpfung der Armut im eigenen Land fehlten. Nach maßvollen Schätzungen kostete es etwa 320.000 Dollar, einen nordvietnamesischen Gegner zu töten. Jahrelang wurde mehr Geld für den Krieg als für soziale Veränderungen ausgegeben. Martin konnte sich auch nicht damit abfinden, dass es unter den amerikanischen Verletzten und Toten doppelt so viele Schwarze wie Weiße gab. Dabei waren nur zwölf Prozent der Bevölkerung Afroamerikaner.

Als immer mehr Amerikanern im Laufe der Jahre klar wurde, wie viele Soldaten sie verloren, welches Leid der Krieg für alle mit sich brachte und wie viel Unrecht in ihrem Namen geschah, änderten sie ihre Einstellung zu den Gegnern des Vietnamkriegs. Viele bewunderten Martin jetzt als großen Vertreter der Friedensbewegung.

Seine herausragende Rolle sowohl in der Bürgerrechtsbewegung als auch in der Friedensbewegung erkannten sie nach seinem Tod an, als sie den dritten Montag im Januar zum Nationalfeiertag erklärten, zum *Dr. Martin Luther King Day*. Mit dem Gedenktag wird Martin als Vertreter des Gewissens der Nation gewürdigt.

Anfang 1968 befielen Martin Todesahnungen. Er hatte schon nach der Ermordung von Präsident Kennedy zu Coretta gesagt: „So wird es mir auch ergehen. Ich sage dir, dies ist eine kranke Gesellschaft." In einer Predigt vor seiner Gemeinde sprach er von seinem eigenen Tod. Er habe versucht, mit seinem Leben anderen zu dienen. Er habe sich für Gerechtigkeit, Frieden und Rechtschaffenheit eingesetzt. Geld hinterlasse er nicht.

Tatsächlich bedeutete ihm Besitz im Laufe seines Lebens immer weniger. Die Wochenzeitschrift *Time* hatte 1963, als sie Martin als „Mann des Jahres" vorstellte, über ihn geschrieben, er verdiene kaum mehr als ein Klempner. Großartige Stellenangebote mit riesigen Jahresgehältern hatte er ausgeschlagen. Der Kampf für seine benachteiligten Mitmenschen war ihm wichtiger als ein gutes Einkommen.

Martin als „Man of the Year"

Im März schickte er Coretta künstliche Blumen, was er noch nie getan hatte. Sie sollten eine bleibende Erinnerung an ihn sein. Am 3. April 1968 sprach er vor 2.000 Menschen in **Memphis** in Tennessee, wo er gerade den Streik der Müllmänner unterstützte. Er sagte: „Ich habe das Gelobte Land gesehen. Vielleicht werde ich es nicht erreichen. Aber das Volk wird dort Einzug halten." Nach dieser Anspielung auf Moses und das Volk Israel fuhr er fort: „Meine Augen haben die Herrlichkeit des kommenden Reiches Gottes geschaut."

Am Tag danach, am 4. April, rief er seine Mutter an, was er auf Reisen sonst nie getan hatte. Abends traf ihn eine Kugel auf dem Balkon seines Hotelzimmers. Die Gerüchte hörten nie auf, dass der Mörder vom FBI oder einer anderen Organisation beauftragt gewesen sei.

31 Jahre später, 1999, kamen die Geschworenen im einzigen Prozess nach Martins Tod in Memphis zu dem Schluss, er sei Opfer einer Verschwörung geworden. Der Regierung zugeordnete Institutionen seien daran beteiligt gewesen.

Klarheit ist wohl erst im Jahre 2025 zu erwarten. Dann werden die staatlichen Ermittlungsakten im Fall Martin Luther King zur Einsicht freigegeben.

Martin war 39 Jahre alt, als er aus Hass umgebracht wurde. In den Tagen nach seinem Tod hörten mehr Menschen als je zuvor seine Botschaft über Radio und Fernsehen. An seiner Beerdigungsfeier in der Ebenezer Baptist Church am 9. April nahmen 150.000 Menschen teil. 750 fanden in der Kirche Platz.

Martins Grabmal in Atlanta

„Endlich frei, endlich frei, Gott dem Allmächtigen sei Dank, ich bin endlich frei"

Martin lebt weiter in seinen Schriften und im Vorbild seiner starken Persönlichkeit. Unvergessen bleibt sein gewaltfreier Kampf für Gerechtigkeit und Freiheit und sein Einsatz für den Frieden. Die Kraft dafür gab ihm der Glaube an den Sieg von Gottes Gerechtigkeit unter den Menschen.

Fotonachweis
Cover, sämtliche Fonds sowie **S. 63:** © akg-images, Berlin; **S. 5:** Aus: Coretta Scott King, Mein Leben mit Martin Luther King, Deutsche Verlagsanstalt 1970; 2. Bildseite o. re.; **S. 7:** Aus: Scott King, a.a.O., 3. Bildseite, o. li.; **S. 8, 11:** © ddp images, Hamburg; **S. 13:** © dpa Picture-Alliance, Frankfurt; **S. 17:** Martin Luther King sen., Die Kraft der Schwachen. Geschichte der Familie King. Herausgegeben von Clayton Riley, Deutsche Verlagsanstalt, 1982, 1. Bildseite u. li., aus Privatbesitz; **S. 18:** Aus: Luther King sen., a.a.O., 2. Bildseite, u., aus Privatbesitz; **S. 22:** Photo Division, Ministry of I and B, Government of India; **S. 23:** Aus: Scott King, a.a.O., 3. Bildseite o. re. (Foto: Alexander L. Adams); **S. 23:** Aus: Scott King, a.a.O., 3. Bildseite u.; **S. 25:** Aus: Flip Schulke, Martin Luther King jr.; **S. 27:** Aus: Scott King, a.a.O., 4. Bildseite o. li.; **S. 28:** Aus: Martin Luther King, jr., Why We Can't Wait, Penguin, New York 2000, 3. Bildseite o.; **S. 31:** Aus: Scott King, a.a.O., 10. Bildseite o. (Foto: Jay Leviton für Time); **S. 33:** Chronik 844; **S. 34:** Aus: Scott King, a.a.O., 4. Bildseite re. (Foto: Wide World Photos); **S. 37:** © dpa Picture-Alliance, Frankfurt; **S. 39:** Aus: Flip Schulke, a.a.O.; **S. 42:** Aus: Martin Luther King jr., a.a.O., 4. Bildseite u. (UPI Telephoto); **S. 45:** Aus: Martin Luther King jr., a.a.O., 6. Bildseite o. (Wide World Photo); **S. 45:** Aus: Scott King, a.a.O., 8. Bildseite o. re. (Wide World Photos); **S. 47:** © dpa Picture-Alliance, Frankfurt; **S. 51:** Aus: Scott King, a.a.O., 10. Bildseite u. (United Press International); **S. 53:** Aus: Scott King, 11. Bildseite (Photoreporters Inc.); **S. 55:** Aus: Scott King, a.a.O., 13. Bildseite o. (Wide World Photos); **S. 60:** Aus: Flip Schulke, a.a.O.; **S. 62:** © ddp images, Hamburg.

Trotz intensiver Bemühungen war es leider nicht in allen Fällen möglich, den jeweiligen Rechtsinhaber der abgedruckten Fotos ausfindig zu machen. Für Hinweise ist der Verlag dankbar. Rechtsansprüche bleiben gewahrt.